NOS MÈRES

Ch. Lemercier

ROUEN
Éditions de la Vicomté
Rue de la Vicomté, 75

1930

Nos Mères

Œuvre couronnée par la Société Havraise d'Études diverses
(Prix Foloppe)

Premier Prix de Poésie
Société Nationale d'Encouragement au Bien
(1921)

DU MÊME AUTEUR

Glanes (épuisé).

Paysages et Tableaux. Éditions de la " Revue des Poètes ", 1 volume, chez Jouve et Cie (épuisé)....... 3 fr. 50

Le Livre d'Heures. Prix de Littérature spiritualiste (1914). 1 volume, chez Defontaine, éditeur, rue Grosse-Horloge, Rouen (3e édition)..................... 12 fr. 00

POUR PARAITRE PROCHAINEMENT :

Le Psautier de Notre-Dame.

Le Clocher chante.

Charles LEMERCIER

NOS MÈRES

LETTRE-PRÉFACE

de

Mgr FUZET

Archevêque de Rouen

TROISIÈME ÉDITION

ROUEN
Éditions de la Vicomté
Rue de la Vicomté, 75

1930

ARCHEVÊCHÉ
DE
ROUEN

—

Aiguèze, 1er mai 1910.

CHER MONSIEUR LE CURÉ,

De qui votre rêve filial ne fut-il pas le rêve :

Ecrire de beaux vers en des rythmes très doux
Et fixer pour toujours en notations brèves,
Mère, les souvenirs qui me restent de vous ?

Ces beaux vers, heureux fils, vous avez eu le loisir et le talent de les faire. Combien d'autres, qui n'avaient ni le temps, ni peut-être, à un égal degré, le don poétique, ont entretenu des désirs pareils aux vôtres sans pouvoir les réaliser jamais !

A ceux-là votre livre donne un regret, mais une douceur aussi. Il leur semble qu'ils chantent par votre voix, et très harmonieusement, ce qu'ils auraient tant voulu célébrer une fois eux-mêmes en leur vie, ne fût-ce que dans le secret le plus profond de leur cœur. Il en est de tels, croyez-le, dans les charges les plus hautes.

Que de fois, en traçant une leçon de doctrine pour mes diocésains, ou en écrivant, pour le bien de l'Eglise, quelques conseils désintéressés aux politiques de ce temps, me serais-je volontiers interrompu afin de crayonner, en marge de la page, pendant que le portrait de ma vénérable mère, en face de moi, me regardait, un appel à sa clairvoyance si sûre ou une invocation à sa piété si sereine !

Le souvenir maternel reste, au milieu des grandes responsabilités du pouvoir comme dans l'obscurité des conditions les plus simples, le vrai repos d'âme toujours efficace, le grand réconfort moral, toujours très doux.

Je l'éprouve plus pleinement lorsque je lis vos délicieux poèmes en ce village d'Aiguèze aux fières tours féodales, si pittoresquement assis sur des rochers abrupts dominant le cours de l'Ardèche, dans la vieille maison, à l'aspect moyenâgeux, où naquit ma mère, à côté de la petite église, aussi ancienne que les tours, où elle pria si souvent, à deux pas du petit cimetière qui garde sa tombe, adossée aux murs sacrés, parmi les églantiers, les lierres et les lilas en fleur.

C'est pourquoi, je bénis votre livre, cher Monsieur le Curé, et je le recommande avec confiance aux bons fils nos contemporains, c'est-à-dire à tout le monde. Il n'est personne à qui il ne convienne, car tous y trouveront le meilleur de leur propre cœur traduit en une langue abondante et souple. Il plaira aux raffinés même : sur un canevas qu'ils diraient aisément banal, — banal, « nos mères ! » — vous avez brodé des rinceaux délicats, fait courir de fines arabesques où ils retrouveront toute la distinction qu'ils cherchent. Il plaira surtout aux personnes qui tiennent à garder dans leur culture littéraire l'esprit chrétien. Vous n'avez, en effet, pas dépouillé votre caractère sacerdotal pour laisser, en vous, parler l'enfant. On entrevoit, à travers vos récits, à côté de la mère, une famille entière où Dieu règne, où il est bien servi, où il est fidèlement aimé. Et l'on dit : n'est-ce pas ainsi qu'elles devraient être toutes !... Qui nous rendra les foyers où la religion est enseignée, où parents et enfants prient ensemble, où les vocations naissent et sont favorisées !

Ainsi une œuvre d'art se trouve être encore une œuvre d'apostolat. Ce ne sera pas la récompense unique de l'auteur, ce sera, j'en suis sûr, celle qu'il appréciera davantage.

Recevez, cher Monsieur le Curé, l'assurance de mon affectueux dévouement.

FRÉDÉRIC FUZET.

Dédicace

Ce fut pendant longtemps le meilleur de mes rêves :
Ecrire de beaux vers, en des rythmes très doux,
Et fixer pour toujours, en notations brèves,
Mère, les souvenirs qui me restent de vous.

Comme se fane un lys aussitôt qu'on y touche,
De ce fervent désir il ne m'est rien resté !
Toujours le rêve humain, oiseau qu'on effarouche,
S'enfuit, craintif, au choc de la réalité.

Il ne m'est rien resté; car est-ce quelque chose
Ces vers où j'ai mal dit ce que j'ai tant aimé ?
Comme s'en va, subtil, le parfum de la rose,
Dans ce livre ingénu qu'ai-je donc enfermé ?

Pourtant j'aurais voulu ciseler des cantiques,
En des poèmes, fins comme de vieux émaux,
Egrener lentement vos louanges mystiques
Et bercer mes regrets de la douceur des mots.

J'aurais voulu trouver la strophe qui console
Des tristesses, des deuils qui n'ont pas de témoins.
Faire infiniment tendre et pure ma parole,
Pour qu'en la répétant un enfant souffrît moins.

Et, m'adressant surtout aux âmes désolées,
J'aurais fait de mes chants, trempés de tous mes pleurs,
L'harmonieux soupir des choses en allées,
L'écho profond et vrai de toutes les douleurs.

Consolateur des maux et semeur de beaux rêves,
Mes frères orphelins, je vous aurais portés,
Loin du monde réel, vers d'idéales grèves,
Aux Pays radieux des sereines Beautés !

J'aurais voulu !... l'effort fut stérile sans doute !
Combien d'autres, hélas ! ont avant moi lutté,
Sont tombés loin du but, haletants sur la route :
Des vaincus, il est vrai ; du moins ont-ils tenté !

Et toi qui me liras, sois indulgent, pardonne !
Ce livre est mieux qu'un chant, c'est un acte de foi !
Avant de le juger vulgaire et monotone,
Relis avec ton cœur ces vers écrits pour toi !

A ma Mère

Ma Mère, je voudrais à ta mémoire douce
Offrir un monument très simple, très discret,
Comme ces vieux granits envahis par la mousse,
Marqués d'un nom, cachés au fond d'une forêt.

Simple, il reproduira les traits de ton visage,
Reflètera ton cœur, ton âme, ton esprit,
Comme se réfléchit l'éternel paysage
Sur le miroir changeant de l'onde qui s'enfuit.

Tu me restes toujours, en effet, si présente,
Je me souviens si bien des grands bonheurs passés,
Il s'écoule si peu de temps que je ne sente
Combien vivre est mauvais sans toi ni tes baisers.

Qu'il me sera facile en ces pages de dire
Le récit merveilleux de ta toute bonté,
Mon enfance vécue à te voir me sourire
Et cet amour si vrai qu'à longs traits j'ai goûté.

Tous ceux que tu connus te verront donc revivre,
Mieux qu'en un froid portrait, dans ce poème-ci,
Et les indifférents qui parcourront ce livre,
Diront, soudain rêveurs : « Ma mère était ainsi ! »

Car aux yeux de leurs fils les mères se ressemblent :
C'est toujours même amour, mêmes soins, mêmes mains
Très douces, pour guider les premiers pas qui tremblent
Et pour panser plus tard les douleurs des chemins.

Pour tout enfant sa mère est l'ange qui le garde,
L'ange aux yeux de douceur, l'ange pieux et pur,
Qui lui montre le Ciel et dit tout bas : « Regarde ! »
Lorsqu'il va trébucher dans un sentier obscur.

Aussi, c'est à tous ceux qui connurent leur mère,
C'est-à-dire à tous ceux qui peinent ici-bas,
Que je donne ces vers, comme on offre à son frère
Le portrait de parents qu'on ne reverra pas.

Pour son Portrait

En ces vers je voudrais graver ta chère image,
Fixer le noir velours de ton regard profond,
Le délicat pastel de ton frêle visage
Et le léger frisson de ta main sur mon front.

Mais où trouver les mots qui feront bien comprendre
L'idéale beauté dont te paraient mes yeux,
Et le charme infini de ton geste très tendre
Se penchant sur nos pas et sur nos premiers jeux ?

La splendeur maternelle est trop sainte et trop pure,
Pour qu'on puisse la peindre en des mots profanés.
L'âme y transparaît trop à travers la figure,
Pour qu'on songe à des traits bien ou mal dessinés.

Aux yeux de tout enfant sa mère est la plus belle.
Malgré le pli des pleurs, malgré le poids du jour
Nulle autre ne l'égale; et, pour qu'il soit fier d'elle,
C'est assez d'un sourire où tient tout son amour.

Sa Voix

Sa voix a la douceur d'une musique ancienne,
Le tintement léger d'un fragile métal.
La voix de quelque source égrenant son cristal
Ou celle d'un oiseau dans l'azur, c'est la sienne.

Elle est toujours très claire et très pure. On dirait
Un murmure, embaumé d'avoir aux matins roses
Traversé les grands bois et couru près des roses.
Elle semble toujours confier un secret.

Quand elle parle on croit entendre un souffle d'âme,
Et tout ce qu'elle dit est bon comme un dictame
Apaisant tous les maux qu'on peut avoir soufferts.

Lorsqu'elle prie, elle est comme le ciel profonde,
Elle n'a rien de dur même quand elle gronde,
Et c'est d'elle que vient la douceur de mes vers.

Un Madrigal à Maman

Oh ! Maman, que vous étiez belle,
Quand vos vingt ans
Souriaient dans votre prunelle,
Comme un printemps.

J'ai là, près de moi, sur ma table,
Votre portrait.
Il me sourit d'un air aimable
Et me distrait.

Maman, que vous étiez gentille,
Quand il fut fait !
Ange du Ciel ou jeune fille ?
On ne savait.

Combien de fois par jour j'oublie,
Le contemplant,
Jusqu'au livre que j'étudie,
Tout en bâillant.

Que j'aime à voir votre sourire
Me caresser.
Il semble que vous allez dire :
« Viens m'embrasser ! »

Vous n'avez plus le frais visage
De vos printemps :
Ils ont marqué leur dur passage,
Vos cinquante ans.

Et cinquante ans sur une tête
Pèsent toujours,
Surtout lorsque la vie est faite
De tant d'amours !

Déjà les cheveux blancs paraissent
Sur votre front,
A la bouche les rides laissent
Leur trait profond.

Mais vos regards, votre sourire
Sont aussi doux
Que ceux du portrait que j'admire,
Pensant à vous.

Cinq Ans après

Oui, les ans ont pesé sur ta tête, ma Mère,
Avec tous leurs chagrins ils ont pesé si fort
Que par trop lasse, un soir, en disant ta prière,
Tu regardas le Ciel et souris à la mort.

Et depuis ce moment où tu pris pour demeure
Celle que désirait si vivement ta Foi,
Le jour a pu passer, l'heure remplacer l'heure,
J'en reste au même point et ne songe qu'à toi.

Mon filial amour te conserve immortelle.
Mon cœur a pu souffrir, mes tristes yeux pleurer;
J'ai pu, quand on m'apprit la fatale nouvelle,
Croire que tout mon être allait se déchirer;

Malgré la mort, malgré le temps, malgré l'espace,
Je te sens près de moi, je te touche, te vois,
Ta caresse m'effleure et c'est ta main qui passe
Lentement sur mon front levé, comme autrefois.

Jalousement en moi, j'ai conservé, ma Mère,
Mieux que ton sang vermeil, j'ai gardé ton esprit;
Chérissant comme lui quelque frêle Chimère,
J'ai, pendant qu'il chantait, rêvé longtemps, écrit.

Si je suis ouvrier de la rime sonore,
Si j'enchâsse en des vers mes plus chers sentiments,
C'est que je t'entendis souvent, tout jeune encore,
Par des refrains répondre à mes balbutiements.

J'ai grandi, chaque jour bercé par l'harmonie,
Qui, vibrante, montait de ton cher instrument.
Fervent admirateur de ton charmant génie,
J'ai savouré ton art avec toi longuement.

Et je revois toujours ces tranquilles soirées
Où Weber et Mozart, Beethoven et Chopin
Chantaient, pleuraient, priaient, sous tes mains adorées,
Pendant que je sentais naître en moi du divin.

Te le rappelles-tu ? J'aimais surtout entendre
Un Nocturne très lent du maître préféré;
Et si parfois j'ai fait un vers qui soit plus tendre
C'est que son air revient, doux, plaintif et sacré.

Tu le vois, le tombeau ne t'a pas prise entière :
Un peu de ton talent refleurit dans ton fils;
Et mon vers le plus pur, ma meilleure prière
Ne sont que les échos de tes chants de jadis.

Nocturne

Le jour vient de mourir, la nuit attiédie
Sème dans les champs noirs une floraison d'or.
Voici l'heure où l'enfant dans son berceau s'endort,
Où descend dans les blés l'alouette étourdie.

C'est l'heure du rêveur... Mère, jouez encor,
Dans cette ombre qui vient, la vieille mélodie,
A l'air simple et naïf, comme une rhapsodie,
Et dont j'aime écouter le calme et triste accord.

Jouez le lent Nocturne où se plaisent nos rêves,
Et je vais m'envoler avec vous vers ces grèves,
Où fleurs, parfums, amours sont purs et triomphants.

Jouez... plus doucement... voici que ma pensée
S'enfonce dans la nuit, de musique grisée...
Mon cœur va s'endormir comme font les enfants.

Le Piano

Lorsque le piano vibre sous la caresse
Harmonieuse, et lente, et blanche, de vos mains,
Sans raison, monte en moi, trouble comme une ivresse,
La souffrance des jours passés et des demains.

Je crois voir s'en aller, tout seul par les chemins,
Un ange diaphane aux yeux pleins de tristesse,
Humides, on dirait, de tous les pleurs humains...
Et cette vision, je la revois sans cesse.

Quel fantôme inconnu vient me hanter ainsi ?
Jouez, il va venir. Oh ! tenez, le voici !
Il est grave, il est triste; est-ce qu'il vous ressemble ?

Non ? Mais qui donc est-il ? Mes rêves angoissés
Ont peut-être créé ce pèlerin qui tremble.
Seraient-ce mes bonheurs ? mes chagrins ? Je ne sais.

L'Air favori

C'était un bien vieil air, bien frêle et bien charmant.
Il avait la fraîcheur des nuits très étoilées.
C'était presque un murmure à son commencement,

Puis il montait, montait, en souples envolées,
Comme l'oiseau joyeux de vivre, un frais matin,
Qui s'élève en sifflant dans la paix des vallées.

Son thème mélodique était vague, incertain,
Souvent repris, coupé, parfois pénible à suivre :
C'était le bégaiement d'une jeune enfant mutin.

Il ne résonnait pas des grands éclats du cuivre.
Il me faisait rêver de quelque blanche fleur,
Prise on ne sait plus où, qu'on retrouve en un livre.

C'était le rire triste où se devine un pleur,
La voix qui chante après les douleurs en allées,
Les mots étaient furtifs comme un pas de voleur.

C'était... tout est fini !... Comme on voit les allées
Disparaître en hiver sous un linceul mouvant,
Mon âme a pris le deuil des veuves désolées,

Et mon cœur orphelin pleure aux chansons du vent.

La Maison

J'ai revu la maison de mon adolescence,
La grande maison grise où j'aimerais vieillir.
Elle semblait vouloir sourire à ma présence,
Reconnaître mon pas, et, tendre, m'accueillir.

Vide, sombre, déserte et les fenêtres closes,
On eût dit, à la voir, qu'elle savait mon deuil,
Qu'elle se revêtait de la douleur des choses
Et qu'un voile funèbre obscurcissait le seuil.

Et cependant j'entrai, pèlerin solitaire.
De chaque appartement, depuis longtemps laissé,
Des murs silencieux, tapissés de mystère,
Montait vers moi, subtil, le parfum du passé.

Et je revis la salle où riait ma jeunesse,
Le large corridor où s'ébrouaient mes jeux.
Il me sembla sentir me frôler la caresse
Enveloppante et grave, ô Mère, de tes yeux.

Ton souvenir planait dans les chambres désertes,
Ressuscitant parfois tel geste familier;
Quand la lumière vint des fenêtres ouvertes,
Je crus t'apercevoir, debout, près du foyer.

Dans ce coin, sur mon lit je te revis penchée ,
Et bordant mes draps blancs pour le baiser du soir;
Ton âme, vers la mienne un moment épanchée,
Versait en moi l'amour, la prière et l'espoir.

Dans ta chambre j'entrai comme dans une église,
A pas religieux, le cœur battant d'émoi;
Tristes, joyeux, confus, légers comme une brise,
Les souvenirs en foule accoururent vers moi.

C'est là, que j'ai dormi les nuits de mon enfance,
Blotti comme un oiseau dans les rideaux très fins;
C'est là, que j'ai trouvé toujours une défense
Contre la maladie et les premiers chagrins.

C'est là, que j'ai connu cette joie éphémère
D'être petit, très frêle et chéri d'autant mieux;
Là, que sur tes genoux j'ai retenu, ma Mère,
Les humbles oraisons qui montent jusqu'aux Cieux.

C'est là, que j'entendis les graves paraboles,
Que je fis connaissance avec l'Enfant Jésus,
Que je mêlai les saints, les rois, les auréoles,
Et le Petit Poucet dans mes rêves confus...

Et de ces souvenirs qui montèrent des choses,
Lorsque je parcourus notre maison en deuil,
J'ai formé ce bouquet de fleurs à peine écloses
Que j'irai déposer, Maman, sur ton cercueil.

La première Faute

Je me souviens qu'un jour j'avais été méchant.
Et ma mère attristée, et pourtant toujours tendre,
Me prit sur ses genoux pour me faire comprendre
Ce que du mal commis peut comprendre un enfant.

Ses baisers étaient doux, et grave son langage.
Et je voyais descendre en moi de la clarté,
Qui, me montrant le bien dans toute sa beauté,
Me faisait détester ma faute davantage.

Je promis d'obéir, en pleurant sur son cœur.
Et je compris dès lors cet immense bonheur :
Une mère pieuse à l'aube de la vie.

Car c'est elle qui mit du divin sur mon front,
Elle qui fit sentir à mon âme ravie
La grandeur de la faute aux douceurs du pardon.

La Messe matinale

Eglise où j'ai prié lorsque j'avais dix ans,
Je me souviens toujours de ton toit qui se penche,
De tes recoins obscurs où quelque âme s'épanche,
De tes vitraux verdis et de tes bancs luisants.

Je crois sentir parfois l'odeur du vieil encens
Qu'exhalaient tes autels et ta muraille blanche,
Et je revois ta nef qu'emplissait, le Dimanche,
Le peuple recueilli des pieux paysans.

Eglise aux murs fleuris, je me rappelle encore
Les jours de mon enfance, où dès la prime aurore
J'accompagnais ma mère aux mystères sacrés.

J'ai gardé le parfum des naïves prières
Et des mots d'autrefois, si souvent murmurés
Pendant que le soleil souriait aux verrières.

Le Lycée

Pourquoi vient-il ce soir s'offrir à ma pensée
Le triste jour d'Octobre où, quittant la maison,
Je dus franchir le seuil de la sombre prison
Et m'asseoir sur les bancs lugubres du Lycée ?

A peine si j'avais dix ans. J'étais de ceux
Dont rient leurs compagnons, dédaigneux de ces filles !
Moi qui n'avais connu que nos calmes charmilles
J'avais peur de leurs cris et détestais leurs jeux.

Et je n'arrivais pas, si petit, à comprendre
Pourquoi comme un coupable on allait m'enfermer.
Et je trouvais très mal de m'empêcher d'aimer
Tout ce que j'adorais à mon foyer si tendre.

Depuis ce jour lointain j'ai pitié des enfants,
Qui vont vivre en exil leurs plus belles années,
Cœurs empêchés d'éclore, âmes abandonnées,
Papillons sans soleil, lys sevrés de printemps.

J'ai froid en revivant ma première visite :
Le proviseur distrait et le rude censeur,
Le triste surveillant, l'imposant professeur,
Et le concierge assis au bord de sa guérite.

Je me sentais si frêle entre ces murs très vieux,
Si petit dans ces cours désertes et sans ombre,
Si bien un étranger dans le grand dortoir sombre,
Que les larmes montaient par moments à mes yeux.

Et ma mère pleurait, elle aussi, car, en somme,
Son « petit » pour toujours allait quitter sa main,
Et, par d'autres conduit, accomplirait demain
Ses derniers pas d'enfant, ses premiers gestes d'homme.

Les Vacances

Quels souvenirs exquis m'ont laissés les vacances !
L'ivresse de revoir notre vieille maison,
L'accueil des cœurs aimés, les cris, les jeux, les danses,
Le soleil, le grand air, au sortir de prison.

L'étreinte maternelle, au seuil, dès l'arrivée,
Me faisait oublier aussitôt trois longs mois ;
Et dans le cher baiser j'aspirais, retrouvée,
Cette odeur du « chez nous », éveilleuse d'émois.

Et c'était du bonheur plein notre maison grise.
Les rires éclataient dans le grand corridor,
Sur le jardin passait, en nous frôlant, la brise
Et les champs souriaient de leur sourire d'or,

Et nous allions revoir les bois et les futaies
Où des champignons bruns ponctuent tous les sentiers;
Nous courions les chemins profonds entre deux haies,
Pleins de moineaux blottis dans les vieux noisetiers.

Nous jouions Robinson dans le fond des clairières,
Mais bientôt, las de l'ombre et des oiseaux chanteurs,
Pour entrer dans les prés nous sautions les barrières
Et dévastions les foins aux grisantes senteurs.

Lorsque nous rentrions, nos mains et nos visages
Apportaient au foyer les parfums des grands bois,
Des herbes, de la mousse et des ronces sauvages
Dont nous cueillions les fruits en nous piquant les doigts.

Mais nous aimions surtout la rivière très lente,
Où s'épanouissaient les jaunes nénuphars;
Nous troublions souvent sa marche nonchalante,
Que les saules penchés dérobaient aux regards.

Son murmure bruit encore à mes oreilles,
Dans mes rêves j'entends la chanson de ses eaux,
Lorsqu'elles caressaient, en des rumeurs d'abeilles,
Ses bords couverts de fleurs, de joncs et de roseaux.

Je la revois à l'aube. Une brume très fine,
Craintive, semble fuir les rayons du soleil,
Et le vent fait trembler la blanche mousseline
Dont elle protégeait son tranquille sommeil.

Je la vois vers midi, lorsque dans son eau vive
Les vieux pêcheurs jetaient leurs longs engins tremblants,
Loin des groupes bavards qui tordaient la lessive
Et séchaient sur les noirs rochers les linges blancs.

Je la revois le soir, quand la lueur dernière
Des rayons attardés éclaboussait ses eaux,
Et que, las d'avoir fait l'école buissonnière,
Sur ses bords chuchoteurs se nichaient les oiseaux.

C'est là, que j'ai passé mes plus belles vacances,
C'est là, que j'ai connu de subtiles douceurs
A contempler, pensif, les claires transparences
Et les jeux du soleil dans les courants jaseurs.

Te reverrai-je un jour, ô ma chère vallée,
O nid mystérieux de mes premiers frissons,
Où la splendeur du monde, à mes yeux dévoilée,
M'inspira certain soir mes premières chansons ?

Ses Lettres

J'ai conservé, caché dans le fond d'un tiroir,
Vénéré comme les reliques par des prêtres,
Tout près comme un objet qu'on veut souvent revoir,
Enveloppé de deuil, un paquet de ses lettres.

Et souvent, d'une main qui tremble en les touchant,
De leur pieux linceul je délivre ces pages
D'où s'élève un parfum subtil et pénétrant,
Comme d'un vieux bouquet ou de vieilles images.

Et j'aime les relire en pleurant mon passé
Ces lettres, où vibrait une telle tendresse
Que je sens maintenant dans chaque mot baisé
Comme une voix berceuse et comme une caresse.

Celles que je reçus lorsque j'étais enfant
Manquent au reliquaire. A cet âge on ignore
Combien ces mots d'amour qu'on entend si souvent
Feront défaut plus tard. Je m'en souviens encore.

Je me rappelle tout : les billets angoissés
Un hiver où j'avais attrapé quelque rhume,
Les délicats conseils si tendrement glissés,
Et tout ce que son cœur confiait à la plume.

Et quand je recevais des lettres de « chez nous »
Je me revois, bambin, dans la cour du lycée,
Cherchant un coin discret, loin des regards de tous,
Pour mieux communier, Mère, avec ta pensée.

Mais bientôt je compris comme il me serait doux
De relire parfois ces pages de tendresse;
Et maintenant, heureux ou triste, c'est à vous
Que je reviens toujours, échos de ma jeunesse.

Maintenant qu'elle est morte et que je me sens vieux,
C'est vers vous que je viens pour revivre avec elle;
Et lorsque je parcours vos mots mystérieux
Je crois l'entendre encor qui me parle et m'appelle.

Dans ces humbles feuillets que le temps a jaunis
Je retrouve l'écho charmant de sa pensée,
Ainsi que les oiseaux trouvent dans les vieux nids
Le duvet maternel sur la mousse amassée.

Ah ! comme ils étaient vrais ses conseils pleins d'amour,
Que c'était bien l'appui qu'à seize ans on réclame,
Et comme elle savait, lentement, jour à jour,
Faire mon cœur plus tendre et plus forte mon âme.

Et quand je la relis, souvent palpite en moi
Quelque chose de pur qui s'élève et que j'aime;
Et je comprends alors avec un grand émoi,
Mère, que je te dois le meilleur de moi-même.

Le Jardin

Quand je suis triste, mes pensées,
Pour se consoler du présent,
Retournent aux heures passées,
A l'époque où j'étais enfant.

Et souvent mon rêve s'arrête
Dans le vieux jardin de jadis,
Au printemps, quand tout est en fête
Chez les fleurs comme dans les nids.

Je revois les larges allées
Que bordait l'âcre odeur du buis,
Et les soudaines envolées
Des moineaux qu'effrayaient nos cris.

Je vois les tulipes écloses,
Les lys blancs, fiers de leur beauté,
La grande corbeille de roses,
Parure et parfum de l'été.

Ma mère soignait elle-même
Toutes ces plantes qu'elle aimait.
Le jardin était un poème
Dont chaque verset embaumait.

Et nous y passions nos journées,
Brunis, soleil, par tes rayons,
Terreur des fleurs piétinées,
Des oiseaux et des papillons.

Nous nous cachions dans les tonnelles,
Aux bancs moisis et vermoulus.
Riant des craintes maternelles,
Nous grimpions aux tilleuls touffus.

Et songeant aux heures encloses
Dans le vieux jardin délaissé,
Je respire une odeur de roses
Qui monte vers moi du passé.

La Consolatrice

Lorsque j'étais très jeune, à l'âge des beaux rêves,
Et lorsque je voyais ces oiseaux passagers
S'enfuir soudainement vers d'impossibles grèves;
O mes premiers chagrins, que vous étiez légers !

A peine ai-je connu vos fugitives larmes;
J'ai souffert, mais je n'ai ressenti nulle peur :
Ma mère était pour moi le plus puissant des charmes :
Son tranquille regard éloignait le malheur.

Oh ! le geste accueillant des mères ! Et leurs craintes
Devant ces désespoirs des âmes de vingt ans !
Et le cœur sur lequel on fait durer ses plaintes
Pour goûter le bonheur d'être là plus longtemps.

Elles s'effraient de tout quand leurs fils sont loin d'elles,
Se forgent des douleurs de maux très anodins,
Versent, en les pansant, des larmes très cruelles
Sur de petits bobos et de très grands chagrins.

Nous pouvons sur leurs mains appuyer nos fronts blêmes,
Elles sauront toujours le mot consolateur.
Elles souffrent en nous bien plus qu'en elles-mêmes :
Tout ce qui nous atteint les atteint en plein cœur.

La Prière du soir

Nous venions chaque soir tous prier dans sa chambre;
Nous nous agenouillions devant son Crucifix,
Et la lampe, posant sur nous sa clarté d'ambre,
Mettait une auréole à nos fronts recueillis.

Nos voix balbutiaient ce qu'il faut qu'on réponde,
L'oraison s'élevait en un rythme berceur,
La voix de notre mère était chaude et profonde,
Sur ses lèvres l'*Ave* s'humectait de douceur.

Elle joignait les mains d'un tel geste d'Orante,
Elle était si sublime et si belle à genoux,
Qu'en la voyant prier ainsi, grave et fervente,
Nous sentions que le Ciel était plus près de nous.

Lorsque nous récitions les saintes litanies
Nos voix s'attendrissaient en pieuses langueurs;
Et là suavité des prières bénies
Pénétrait lentement jusqu'au fond de nos cœurs.

Et la chambre gardait une beauté d'église,
Le charme solennel et pur d'un reposoir,
Lorsqu'après le dernier *Amen*, s'étant assise,
Ma mère nous donnait le long baiser du soir.

Premiers Vers

Emoi des premiers vers ! Orgueil d'avoir chanté !
Peur d'avoir profané son rêve en l'osant dire !
C'est encore avec toi, Mère, que j'ai goûté
Ce bonheur délicat dont tu sus ne pas rire.

Qu'avais-je ainsi rimé ? Je ne m'en souviens plus.
Etait-ce un beau bouquet de strophes pour ta fête ?...
Mais nous pleurions tous deux lorsque je te les lus
Et, fière, tu sacras ton fils un grand poète.

Tu savais découvrir de nouvelles beautés
En ces vers que déjà retenait ta mémoire
Et, prévoyant pour eux des succès mérités,
Tu t'installais très humble à l'ombre de leur gloire.

Indulgence naïve, aveuglement des mères !
Comme il est bon parfois au moindre d'entre nous
D'avoir quelqu'un qui sait admirer ses Chimères,
Jouir de son bonheur sans en être jaloux !

L'Amie

Pour moi, ma mère fut une très tendre amie.
Jamais je ne connus d'elle que la douceur,
Et son souvenir met à l'aube de ma vie
La grâce et la bonté d'une plus grande sœur.

Je lui confiais tout ; et je l'avais choisie
Comme un très indulgent et discret confesseur.
J'aimais ce qu'elle aimait. J'avais la jalousie
De n'être un étranger dans nul coin de son cœur.

A tout instant, partout, se touchaient nos pensées ;
Et nos âmes étaient deux blanches fiancées,
Qui se disaient souvent leur grand amour tout bas...

Depuis qu'elle n'est plus, je n'ai dit à personne
Ces rêves, ces espoirs dont tout l'être frissonne,
Ces mots mystérieux qu'on ne comprendrait pas.

L'Anniversaire

Je n'avais que vingt ans quand j'ai perdu ma mère;
Depuis ce moment-là je me suis senti vieux,
Sans elle la douleur m'a semblé plus amère
Et je n'ai plus connu de jours vraiment joyeux.

Un grand voile est tombé tout à coup sur ma vie;
Mon cœur a pris le deuil et ne l'a plus quitté;
Et mon âme a toujours l'insatiable envie
De rejoindre la sienne en son éternité.

Quelque chose de pur, de radieux, de tendre,
Est mort en moi depuis, qui ne renaîtra pas.
Quel que soit mon destin, je ne puis plus attendre
De bonheur absolu, ni d'amour ici-bas.

J'ai perdu confiance aux espoirs de la terre.
Mon cœur souffre d'un rien comme une plaie à nu;
Et dans mon plus beau rêve, étrange et noir mystère,
J'ai toujours un effroi qui m'était inconnu.

Car malgré sa fierté, sa force, sa puissance,
Au fond, l'homme a besoin de rester un enfant,
Et d'être pour quelqu'un ici-bas l'innocence,
Qu'on protège du mal, qu'on aime et qu'on défend.

Regrets

J'aurais aimé te voir vieillir,
Savourer la mélancolie
De te regarder devenir
Chaque jour autrement jolie.

Tes cheveux qui n'étaient que gris
T'auraient mis leur blanche parure
Et ton pur visage aurait pris
Une grâce encore plus pure.

Les sillons ténus et nombreux
Des rides aux lignes de cire
Auraient posé près de tes yeux
Comme un perpétuel sourire.

Ta lèvre, d'avoir tant redit
La tendresse qui fait éclore
Un cœur d'homme ou qui le guérit,
Aurait été plus douce encore.

Ta main, d'avoir tant caressé,
Se serait usée, amincie;
Son contact aurait effacé
La méchanceté de la vie.

Ton front aurait eu la beauté
Des fronts des madones d'ivoire.
Et dans ton regard eût flotté
Les visions de ta mémoire.

Tout ton corps se serait penché,
Ainsi qu'un arbuste qui tombe;
Attiré vers le but caché,
Vers le grand repos de la tombe.

Bientôt tu serais devenue
Très frêle sous tes cheveux blancs.
Et, moi, je t'aurais soutenue,
J'aurais guidé tes pas tremblants.

J'aurais entouré ta faiblesse
De baisers, de soins incessants.
J'aurais veillé sur ta vieillesse
Comme toi sur mes premiers ans.

Et, me rappelant l'épopée
De ton dévouement sans retour,
Je t'aurais toute enveloppée
Comme d'un maternel amour.

Suprême Offrande

Puisque tu n'as pas su le bonheur des grand'mères,
Je laisse en te quittant sur ton humble tombeau
En guise de bouquets, et comme eux éphémères,
Ces vers, où j'ai voulu, comme avec un pinceau,
Peindre en trois médaillons, aquarelle rimée,
Tes trois petits-enfants qui t'auraient tant aimée.

I

Ta Petite-Fille

Là ! sois tranquille ainsi qu'un oiseau qu'on retient.
Je veux faire un portrait aux contours bien fidèles.
Avec ce long regard d'ange qui se souvient,
On se demandera pourquoi tu n'as pas d'ailes.

Que ta robe légère et courte tombe bien,
Qu'alentour de ton cou flotte un nœud de dentelles.
Pour peindre ses enfants au front patricien,
Raphaël t'eût choisie avant tous ses modèles.

Que ta ceinture enfin se fasse voir un peu.
Puis laisse errer vers moi ton œil câlin et bleu,
Et garde sur ta lèvre un très vague sourire.

C'est bien !... mais quel pinceau pourra jamais traduire
Ton charme ? Ta candeur, qui saura l'exprimer ?...
Je suis un ignorant qui ne sait que t'aimer.

II

Ton Petit-Fils

Allons ! ne bougeons plus ! A ton tour tiens la pose !
Regarde ta maman de tes grands yeux si doux,
Ecarte de ton front les cheveux longs et fous,
Entr'ouvre un peu, très peu, ta bouche fraîche et rose.

La chair est couleur d'ambre où ton âme est enclose.
De ta beauté les grands lys blancs seraient jaloux.
Ton costume marin laisse à nu tes genoux.
Ta petite main semble un calice de rose...

Mais la pose t'ennuie et tu ne peux rester
Immobile et muet, sans courir, sans chanter,
Lorsqu'au milieu des fleurs le papillon s'envole !

Le ciel ne peut savoir que le bleu lui va bien,
Ni toi que le soleil te fait une auréole
D'or fauve, comme en ont les anges du Titien.

III

La Benjamine

Et puis voici la Benjamine,
Toute fragile en son berceau;
On dirait un petit oiseau
Chû dans un nid de mousseline.

Quelle main serait assez fine,
Assez délicat quel pinceau
Pour peindre cet exquis morceau
De chair rose aux blancheurs d'hermine ?

Ses balbutiements ingénus
Sont les jolis mots inconnus
D'une langue que l'homme ignore.

Et ses regards mystérieux
Gardent les reflets d'une aurore
Qui remplit de clartés ses yeux.

4

Mère de Prêtre

La mère dont le fils s'est offert à son Dieu
Est heureuse. Toujours timidement jalouse,
Elle ne vous craint plus, ô virginal aveu,
Amour rival, entier, absolu de l'épouse.

Son fils demeurera l'enfant tendre et soumis,
Tout un coin de ce cœur ne sera que pour elle,
Rien n'y pénétrera, rien n'y vivra hormis
Ses pensers, ses secrets, sa ferveur maternelle.

Elle seule sera celle qu'on veut toujours
Pour appuyer son front quand la pensée est lasse,
Elle remplacera pour lui tous les amours
Et sera la beauté, la douceur et la grâce.

Elle se sentira mieux comprise par lui;
(L'esprit sacerdotal a des pudeurs de femme)
Elle aura la fierté de trouver un appui
Dans ce cœur fait du sien, dans cette blancheur d'âme.

Et demeurant toujours pour ses autres enfants
Le guide, le soutien, la maman écoutée,
Elle aura près de lui des désirs émouvants
D'être faible à son tour et d'être un peu gâtée.

Plus reine à ce foyer qu'en sa propre maison,
Elle sera parfois maîtresse autoritaire,
Sûre de son pouvoir; et ce sera si bon
De voir son fils rêveur lui sourire et se taire !

Même il lui semblera qu'elle est plus près du Ciel
Depuis qu'elle donna son fils au Divin Maître,
Qu'elle monte avec lui les marches de l'autel...
Et son cœur maternel devient un cœur de prêtre.

Sur le seuil blanc de ma Jeunesse

Sur le seuil blanc de ma jeunesse
Un enfant m'apparaît soudain
Et, pour que je le reconnaisse,
Il me fait signe de la main.

Quel est donc son nom ? Je l'ignore...
A qui ce visage et ces yeux
Où passent des lueurs d'aurore,
Ces regards naïfs et joyeux ?

A qui ces lèvres toutes roses
Qui n'ont pas connu les sanglots
Et qui ressemblent, demi-closes,
Aux boutons des coquelicots ?

A qui ce front clair comme une aube
Et qui ne cache rien d'obscur,
Où nul penser ne se dérobe,
Où se reflète tout l'azur ?

A qui cette beauté candide,
Ce charme que rien ne flétrit,
Ce jeune corps souple et splendide,
Et cette grâce qui sourit ?

Qui donc cet enfant qu'on devine
Trop confiant et trop aimé
Pour qu'une tendresse divine
En ses bras ne l'ait pas formé ?

Qui donc cet enfant qu'une mère
Enveloppa de son amour
Et fit pur comme une prière,
Ardent et beau comme le jour ?

Qui donc cet enfant dont je rêve ?
Cet enfant dont je me souviens ?
Et qui joyeusement se lève
Sur le seuil de mes jours anciens ?

Vraiment ! est-ce qu'il me ressemble ?
Je suis si vieux... je suis si las...
Nous aurions dû vieillir ensemble...
Vit-il encor ?... Je ne sais pas.

L'Enfant malade

L'abat-jour est glissé sur la lumière blonde,
Les murs sont recouverts de silence et de nuit,
La lampe au plafond noir met une tache ronde,
On distingue un enfant couché dans un grand lit.

Le docteur a parlé de bronchite et de fièvre,
La maladie est grave, et voilà plusieurs jours
Que le pouls est trop chaud et trop rouge la lèvre;
Le mal, le mal terrible et sournois suit son cours.

Depuis l'instant fatal de la première atteinte
Où son cœur en éveil l'avertit du danger,
La mère, par l'angoisse et la douleur étreinte,
D'auprès de son enfant n'a pas voulu bouger.

Elle est là quand la fièvre est plus forte et qu'il tousse,
Elle est là pour calmer son malade agité,
Elle seule sait bien soulever sans secousse
Le petit front pâli, de sueur humecté.

Elle a les mots câlins qui font demeurer sage,
Le regard qui distrait la souffrance un moment,
La caresse des doigts tremblants sur le visage
Et se penche aussitôt quand elle entend : « Maman ! »

Les draps et l'oreiller sont frais quand elle y touche,
On dirait qu'elle sent le pli qui lui fait mal,
Elle offre en souriant la cuiller à la bouche
Et le remède amer devient presque un régal.

Elle pose parfois près de son cœur la tête
Endolorie et lourde, et, d'un geste émouvant,
Elle semble cacher à la mort qui le guette
Cette chair de sa chair, son amour, son enfant !

Comme elle souffrirait avec joie à sa place !
Comme elle donnerait sa vie avec bonheur !
Qu'importe qu'au matin elle ait froid et soit lasse
S'il goûta de sa main l'apaisante fraîcheur !

Mais la lutte tragique et longue continue,
L'heure se compte au pouls qui s'affole et faiblit,
Et la mère sublime est toujours soutenue
Par un amour plus fort que tout, près de ce lit.

Et l'amour a vaincu ! Le mal horrible et lâche
S'en va, comme honteux d'avoir été bravé,
Et la mère, oubliant son héroïque tâche,
Couvre de baisers fous l'enfant qu'elle a sauvé.

L'Orphelin

Il a douze ans, il a l'air triste
D'un enfant qui n'est pas choyé.
Sous sa casquette de cycliste,
Il est maussade et mal peigné.

Ses souliers, ses bas, son costume
Ont un aspect indéfini :
Oiseau dont se salit la plume
D'être tombé trop tôt du nid.

Sa figure est maigre, sa joue
Se fane sans avoir fleuri,
Il est sans entrain quand il joue :
Tout son être est comme meurtri.

Son œil pensif longtemps s'attarde
Quand il voit passer des mamans.
Il rougit quand on le regarde,
Honteux de ses moindres élans.

Il a peur de tout, se défie,
Car il ne comprend pas pourquoi
Il n'a pas, au seuil de la vie,
Comme un autre, une mère à soi.

Il est trop grave pour son âge,
Quand il parle il a toujours l'air
D'être absent, il est toujours sage
Et ne sait pas rire bien clair.

La petite âme se replie
Comme une corolle le soir,
Et si sa pensée est jolie
Il ne veut pas le laisser voir.

On croirait qu'il garde pour Elle,
Celle qui n'est plus ici-bas,
Toute sa tendresse fidèle,
Les baisers qu'il ne connaît pas.

Il semble chaque jour attendre
L'heure de La rejoindre enfin,
La seule qui pourrait comprendre
Cette détresse d'orphelin.

La Veillée

Lorsque les mamans sont bien vieilles
Leurs pensers s'embrouillent un peu,
Et parfois, dans leurs longues veilles,
Elles croient voir auprès du feu

Tout un essaim de têtes blondes,
Tout un nid de petits minois,
Ecoutant d'anciennes rondes
Qu'elles chantent à demi-voix.

Leur visage à couronne blanche
Bat la mesure en souriant,
Se relève un temps, puis se penche
Vers la flamme... ou vers un enfant.

Elles ont oublié la vie,
Les jours et les ans écoulés
Et leur affection dévie
Vers des berceaux de lin voilés.

Elles s'imaginent encore
Endormir dans leurs bras tremblants
Un bébé que la flamme dore,
Tout frêle dans ses langes blancs.

Elles se revoient jeunes mères :
Elles guident les premiers pas,
Craintives, elles sont très fières
Lorsque leur fils ne tombe pas.

Puis l'enfant grandit, c'est l'école,
Elles apprennent les leçons;
Et c'est tout à coup la rougeole,
L'horrible fièvre et ses frissons.

Ce sont toutes les allégresses,
Tous les soucis, toutes les peurs,
Tous les jours tissés de tendresses,
Tous les soins et tous les bonheurs.

Elles jouent avec ces fantômes,
Font l'avenir des jours passés,
Ne sachant plus qu'ils sont des hommes
Les bébés qu'elles ont bercés.

Et la nuit, lorsque sonne l'heure,
Elles rêvent en s'endormant
Que bébé s'agite, qu'il pleure,
Et qu'il appelle sa maman.

Les Mains

Mains des mères, ô mains très tendres et très pures,
Mains blanches où le sang traça son bleu réseau,
Dont la paume palpite ainsi qu'un cœur d'oiseau,
Faites pour caresser les petites figures ;

O mains que le travail déforma jour par jour,
Mains de femmes du peuple, ô mains deux fois sacrées
D'avoir porté l'enfant et d'être déchirées
Par la tâche servile et le fardeau trop lourd ;

Ah ! qui dira jamais votre beauté suprême,
O vous, des nouveau-nés les premiers reposoirs,
Vous, les immaculés et pieux ostensoirs
De ces Jésus lavés dans les eaux du baptême.

Vous êtes le plus chaud, le plus doux des berceaux.
Dans vos mille replis l'enfant calmé se pose,
Et vos doigts, soutenant cette fleur de chair rose,
Plient ainsi qu'une tige au poids des fruits nouveaux.

C'est vous qui recouvrez les corps frêles de langes,
Qui les enveloppez avec un soin jaloux,
C'est vous qui les bercez, le soir, sur vos genoux,
Et qui fermez leurs yeux pour qu'ils sourient aux anges.

C'est vous qui prodiguez vos soins si tendrement
Dans les humbles travaux qui paraissent faciles,
Qui trouvez du bonheur dans les besognes viles,
Et qui réalisez l'amour en dévouement.

C'est vous qui guérissez les premières blessures,
Vous, dont l'attouchement peut calmer tous les maux,
Vous qui savez si bien la vanité des mots,
De toutes les douleurs sœurs muettes et sûres.

C'est vous qui soutenez les premiers pas d'enfants,
Vous qui les dirigez dans leurs essais timides;
Et c'est vous qu'on devrait toujours garder pour guides.
O vénérables mains de nos saintes mamans !

Nos Mères

Vous, de qui nous vient tout amour,
Toute joie et toute tendresse,
Mères, qui savez tour à tour
Etre la force ou la faiblesse;

Mères aimables qui mettez
Sur nos fièvres et nos délires,
Sur nos fronts, par le mal hantés,
La fraîcheur de vos purs sourires;

Mères admirables, ô vous
Que rien n'abat, que rien ne lasse,
Qui nous gardez sur vos genoux
Et dans vos cœurs la même place;

O nos Mères, protégez-nous,

Etoiles de l'aube et du soir,
Qui nous montrez toujours la route,
Premier bonheur, dernier espoir,
Secours dont jamais nul ne doute;

Refuges de tous les cœurs las
D'avoir lutté contre l'envie,
Et qui nous ouvrez les deux bras
Lorsque nous souffrons de la vie;

Saints anges gardiens des foyers,
Qui nous faites ce que nous sommes,
Et tremblez lorsque vous voyez
Vos enfants devenir des hommes;

O nos Mères, sur nous veillez.

Hérédité

Notre cœur, notre esprit, notre âme, tout notre être,
Ne sont pas simplement les accidents d'un jour;
Tout ce que nous avons nous vient de quelque ancêtre :
Nous sommes le moment d'un éternel amour.

Des pères oubliés, des grand'mères lointaines
Ont formé d'âge en âge, avec un soin pieux,
Chaque goutte du sang qui coule dans nos veines :
Nous sommes les portraits vivants de nos aïeux.

Dans nos yeux, bleus ou noirs, pleins d'anciennes lumières,
A resplendi jadis un éclat tout pareil;
Un sourire semblable a fleuri leurs paupières
Et le même regard contemplé le soleil.

Ces fronts de notre temps qui se dressent, superbes,
Tiennent leur majesté des hommes d'autrefois,
Ainsi que nous devons la splendeur de nos verbes
A tous ceux qui naguère ont modulé leur voix.

Nos gestes, nos pensers, comme notre langage,
Continuent des pensers, des gestes de jadis.
Car Dieu ne refait pas tous les jours son ouvrage,
Il créa pour toujours au seuil du Paradis.

Quand le Maître eut sculpté le front du premier père,
Lorsqu'il eut fait surgir l'aurore dans ses yeux,
Que son souffle eut donné l'âme à cette matière,
Il sourit à son œuvre et regagna les Cieux.

Depuis, des millions et des millions d'hommes
De cet homme sont nés pour vivre et pour souffrir;
Ce qu'ils furent un jour aujourd'hui nous le sommes;
Le chef-d'œuvre de Dieu ne pouvait pas mourir.

Et tout le genre humain n'est qu'un tableau superbe
Où chaque siècle ajoute, à son tour, sa beauté.
Et dans les derniers nés s'épanouit la gerbe
Par Dieu semée aux bords de son éternité !

Par un enchaînement sublime et magnifique
L'être qui naît dépend de celui qui s'en va,
Reproduit en son cœur, comme un portrait mystique,
Les amours, les espoirs, dont un autre rêva.

Chaque peuple qui naît et grandit d'âge en âge
Conserve ainsi des traits personnels et distincts :
Son âme s'harmonise avec le paysage,
Son sang, toujours pareil, a les mêmes instincts.

Le ciel qui resplendit au-dessus de sa tête,
Les monts aux bleus sommets, le vieux fleuve argenté,
Ce qui jamais ne bouge et jamais ne s'arrête,
Donne à chaque être humain sa part d'éternité.

Et l'immuable sol qui le vit un jour naître,
Après en avoir vu tant d'autres avant lui,
Le nourrit de son suc, le pétrit, le pénètre,
Rend semblable à l'aïeul cet enfant d'aujourd'hui.

Le foyer, à son tour, vient accomplir sa tâche,
Et se penche, attentif, sur le frêle berceau,
Baisant avec amour le petit front sans tache,
Il y veut imprimer un identique sceau.

De siècle en siècle on voit toujours les mêmes souches
Produire mêmes fleurs, donner même parfum !
Craintif, le temps n'y fait que de fines retouches :
C'est ainsi qu'un foyer, un pays ne sont qu'un.

C'est ainsi qu'un enfant conserve en son visage,
Dans le son de sa voix, dans l'éclat de ses yeux,
Dans tous ses sentiments, jusque dans son langage,
Le souvenir vivace et sacré des aïeux.

C'est ainsi que les fils ressemblent à leur mère,
Que les traits maternels en eux se survivront,
Ressemblance fidèle ou reflet éphémère
Qui brille dans leur âme et s'imprime à leur front.

Aux Mères Françaises

Les héroïnes de la Guerre,
Les martyres au cœur de sept glaives percé,
Celles qui, sans l'avoir versé,
Par leur sang ont sauvé la Terre,
Le corps et l'âme du Pays,
Celles dont la grandeur surpassa la misère,
Les victimes des coups dont succombaient leurs fils,
Les vaillantes dont rien n'atteignit le courage,
Qui résistèrent à l'orage
De flammes, de fer et de sang,
Les anges gardiens de la race,
Dont le souffle pur et puissant
Fit éclore beauté, force, grandeur et grâce,
Les Saintes du pays qu'on vénère à genoux,
O Mères Françaises, c'est vous !

C'est de vous qu'ils sont nés ces corps, ces cœurs, ces âmes
D'hommes, de soldats, de héros :
Ils sont de votre chair, votre sang et vos os.
C'est votre amour qui mit des flammes
Et des rayons dans leurs beaux yeux.
Et c'est par vous qu'ils sont les portraits des aïeux.
Vous avez modelé sous vos lentes caresses
Leurs traits, leurs sentiments, leurs pensers, leur bonté :
Ils sont la fleur de vos tendresses
Et vous les avez faits tout ce qu'ils ont été :
Leur beauté, c'est votre beauté !

C'est vous, lorsque sonna l'heure de l'épouvante,
Lorsque retentit le tocsin,
Qui, de vos bras, de votre sein,
De votre pauvre chair, blessée et palpitante,
Les avez arrachés et donnés au Pays.
Vous souffriez comme jadis
Quand vous les avez mis au monde.
Sous vos baisers d'adieu dérobant vos sanglots,
De votre souffrance féconde
Vous avez créé des héros.

C'est vous qui, pendant des années,
Avez aimé, souffert, pensé, vécu là-bas,
Sans jamais quitter nos soldats.
Et vos pauvres lèvres fanées

Ne parlaient que de Lui, ne souriaient qu'à Lui.
Tout le reste c'était la nuit.
L'aurore se levait pour vous à la frontière.
Pendant qu'il se battait vous aviez la prière :
L'humble grain du rosaire était votre arme à vous !
Et vous songiez qu'il serait doux
D'être son bouclier, de détourner les coups,
De lui donner la gloire en tombant à sa place,
De mourir tant de fois que la mort en fût lasse.

Votre chair a souffert dans la chair des blessés
Avec amour vous vous êtes penchées
Vers les pauvres enfants qui sortaient des tranchées,
De la boue et du sang sur leurs membres lassés,
Et vous avez repris vos tâches maternelles
Avec des tendresses nouvelles.
Vous avez sur la plaie hideuse reposé
La fraîcheur de vos mains, la ferveur du baiser.

Et vous, les augustes victimes,
Vous, dont le fils est mort, vous, qui de votre enfant
Avez fait un martyr, un de nos morts sublimes,
Un des saints rédempteurs du Pays triomphant,
Vous qui, pour sauver la Patrie,
Mêlez en votre cœur hostie
Une coupe de pleurs au calice de sang,
Vous garderez en vous comme en un tabernacle

L'éternel souvenir de l'éternel absent.
Grâce à votre tendresse on verra ce miracle :
Le mort se survivre ici-bas !
Et puisque nous ne pourrons pas
Acclamer les martyrs dont nous vint la Victoire,
C'est vous qui garderez leur gloire
Enchâssée en vos cœurs.
C'est vous qui porterez la palme des vainqueurs.
C'est vous qui resterez les gardiennes fidèles
De nos sauveurs, de nos grands saints.
C'est vous qui sur leurs fronts de l'auréole ceints
Fixerez les rayons des gloires éternelles,
C'est vous, lorsque la vie aura repris son cours,
Qui les entourerez du plus vrai des amours !

Alma Mater

O France, il a fallu ces jours de tant de larmes
Pour que je sache bien à quel point je t'aimais,
Il a fallu ces deuils, ce sang et ces alarmes
Pour que mon cœur s'attache à ton cœur pour jamais.

Quand le bonheur riait dans tes plaines fécondes,
Quand brillait ton ciel clair dans la splendeur du jour,
Quand ton sol nous donnait, joyeux, les moissons blondes,
Non, je ne savais pas ce qu'était mon amour.

Je te devais l'orgueil de penser et de vivre,
Je te devais ma chair, la force de mes bras,
Le bonheur de savoir et de lire au grand livre
Où tu m'as tant appris... et je n'y songeais pas.

C'est toi qui sur ma bouche avais posé ta lèvre
Et m'avais enseigné ta langue de clarté,
Et tu m'avais donné ta généreuse fièvre
Pour chanter à tous vents la sainte liberté.

C'est toi qui sur mon cœur avais mis ta main tendre
Et l'avais fait ardent à la chaleur du tien,
C'est toi qui, jour par jour, m'avais fait mieux comprendre
La beauté de l'amour sans lequel tout n'est rien.

Et je ne songeais pas que c'était de ton âme
Que la mienne était faite, et que c'était ton feu
Dont s'allumait en moi la chaleur et la flamme,
Que l'éclat de mes yeux venait de ton ciel bleu.

Je m'étais endormi dans la chère habitude
De vivre de ta vie et d'entendre ta voix;
Mère, pardonne-moi ma longue ingratitude,
Je connais maintenant tout ce que je te dois.

Je sais que sans ton cœur mon cœur serait la pierre
Insensible et glacée où rien ne peut fleurir,
Et que, sans tes leçons de bonté, ma paupière
Ne saurait pas pleurer quand elle voit souffrir.

Je sais qu'en mon berceau rayonna ta lumière
Et que c'est son reflet qui brille sur mon front,
Je sais que tu m'aimais dès mon aube première
Et que c'est dans ton sein que mes os dormiront.

Aussi je me repens et je t'aime ! je t'aime !
D'un amour plus fervent d'avoir enfin compris !
Et parce que l'épreuve a mis sur ton front blême
L'émouvante beauté des visages meurtris !

Toutes les Mères

C'est la maternité qui consacra la femme,
Qui mit une lueur plus douce dans ses yeux ;
Et, plaçant l'auréole à son front radieux,
Fit son cœur plus aimant et plus pure son âme.

La mère est le soutien que tout être réclame,
Le guide tendre et sûr, l'ange mystérieux
Dont le calme regard a la candeur des cieux :
Quiconque la renie ou l'outrage est infâme.

C'est elle qui fit naître ici-bas la bonté,
Mit dans l'amour humain un peu d'éternité.
Chaque matin son cœur se donne en sacrifice.

Elle est pour ses enfants le dévouement fait chair,
Et son plus grand désir, son bonheur le plus cher
Est de boire pour eux, tout entier, le calice.

Ève

Eve tient son enfant couché sur ses genoux,
La peau d'un animal qu'Adam tua la veille
Les entoure tous deux ; et la mère surveille
Le repos de son fils, dont le souffle est très doux.

Au bord d'une caverne où demeuraient des loups,
Assise sur le sol, dans l'aurore vermeille
Eve admire Caïn qui, tranquille, sommeille,
Le berce, le protège avec un soin jaloux.

Elle admire ce front, cette bouche mi-close,
Ces cheveux blonds et fins et ce visage rose...
Dans son cœur un amour nouveau s'est répandu.

Et pour la consoler du Paradis perdu,
Pour qu'elle oublie enfin la divine merveille,
Il suffit d'un baiser de l'enfant qui s'éveille.

Niobé

Niobé, tu bravas la colère des dieux :
Fière de tes enfants à leur splendide aurore,
La forêt retentit de ton rire sonore,
Lorsque passait Latone, à l'époux glorieux.

Et Latone leva ses regards vers les cieux,
A son aide appela Phébus, que Delphe adore,
Et Diane, la fleur que Délos vit éclore.
Et tous deux, de leurs arcs toujours victorieux,

Tuèrent tes sept fils, tes sept filles si belles.
Immobile d'horreur devant ces morts cruelles,
Tu versas des ruisseaux de pleurs sur tes enfants.

La souffrance païenne, impassible et muette,
Dans le marbre figea ta douloureuse tête,
Où tes grands yeux vidés restent toujours béants.

Clytemnestre

Le chef Agamemnon jugea de cette sorte :
L'homme doit obéir avec respect aux dieux;
Et puisqu'Artémis veut que la vierge aux beaux yeux
Meure, le père doit vouloir sa fille morte.

Après avoir conquis la ville grande et forte
Et brûlé les palais où dormaient les aïeux,
Il revint vers Argos, le roi noble et pieux.
Clytemnestre attendait sur le seuil de la porte.

La mère méprisa les gloires de l'époux,
Songeant qu'après dix ans il doit paraître doux
De tuer le héros qui fut l'assassin lâche...

De pourpre et d'or vêtue aux fêtes du retour,
Elle attendit encor jusqu'à la fin du jour,
Et frappa quatre fois le guerrier de sa hache.

Andromaque

Andromaque a pleuré la mort de son époux,
A vu périr tous ceux qu'elle aimait, brûler Troie !
Les vainqueurs partager entre eux l'immense proie.
Elle n'est qu'un butin dont Pyrrhus est jaloux.

Elle ne maudit pas l'Olympe et son courroux;
Elle oublie un instant le chagrin qui la broie :
Au milieu de ses pleurs il lui reste une joie,
Puisque parfois son fils s'assied sur ses genoux.

Qu'importent tous les deuils pour l'âme maternelle,
Lorsque l'enfant sourit et babille auprès d'elle ?
Pour lui seul il est bon d'obéir au vainqueur.

Elle n'est plus la reine ou l'épouse, elle est mère.
Tout autre sentiment lui semble une chimère;
Et l'amour de son fils a rempli tout son cœur.

Cornélie

Cornélie est la mère imposante et sublime,
Qu'auprès de ses berceaux désirait tout Romain.
Son cœur était viril et robuste sa main.
Elle connaissait peu le baiser qui déprime.

Elle savait montrer à ses fils le chemin,
Pénible, rocailleux, mais montant vers la cime.
Elle eût regardé comme un véritable crime
D'élever mollement le soldat de demain.

Elle aimait ses enfants ainsi qu'une tigresse
Dont le petit se roule et parfois la caresse
D'un élan vigoureux et d'un baiser qui mord.

La matrone formait ainsi pour la Patrie
Des fils aux bras musclés et dont l'âme aguerrie,
Sans trembler, affrontait les combats et la mort.

Rachel

Un cri s'est fait entendre en Rama désolée,
Cri d'immense douleur, d'infini désespoir,
Cri tragique, et si triste, et si long, que le soir
S'épouvante et que l'âme en demeure troublée.

Il roule sur les monts, il emplit les vallées,
Ni le jour, ni la nuit, il ne cesse ; on croit voir
Passer près des maisons un spectre horrible et noir...
Rachel pleure et ne veut pas être consolée.

Rachel pleure. Son fils, son fils aux yeux si doux,
Son fils qu'elle berçait sur ses tendres genoux,
Son fils est mort, tué par le bourreau barbare.

Et depuis qu'elle tint ce cadavre en ses bras
Elle ne sait plus vivre et sa raison s'égare...
Et le lugubre cri résonne comme un glas.

La Veuve de Naïm

En ces temps-là, Jésus, vivant en Palestine,
Marchait sous le ciel bleu, dans les chemins dorés.
Les miracles tombaient de sa bouche divine,
Et la foule en priant suivait ses pas sacrés.

Un jour, il vit sortir de la ville voisine
Un cortège funèbre et des gens éplorés.
Et son regard de Dieu, que le Ciel illumine,
Se baissa vers la femme aux yeux désespérés.

Il vit dans l'avenir les larmes de sa mère
Et s'élever vers Lui, comme une vague amère,
Les infinis sanglots de tant d'âmes en deuil.

Et, voulant à ces pleurs laisser une espérance
En montrant son amour et sa toute-puissance,
Jésus ressuscita l'enfant dans son cercueil.

La Mère des Macchabées

Quand le bourreau cruel martyrisait tes fils
Ta voix les exhortait, Mère des Macchabées.
Leurs âmes de héros ne furent pas courbées
Par la hache. A la mort ils lançaient des défis.

Tu leur disais : « Il faut obéir au pays
Malgré le fer, le feu, les lanières plombées.
Dieu promet l'auréole à vos têtes tombées
Pour sa gloire. » Et tes fils répondaient : « J'obéis ! ».

Car la mère n'est pas seulement la tendresse,
Elle est aussi la voix du devoir qui se dresse
Et montre le chemin divin d'un geste sûr.

Et c'est le châtiment du fils, s'il fut un lâche,
De se sentir indigne auprès de ce front pur,
D'avoir honte de lui devant ce cœur sans tache.

Monique

Ils sont là, tous les deux, aux rivages d'Ostie,
Augustin et Monique; et leur regard puissant
Monte, implore, à travers l'éther éblouissant
Le Dieu qui hait le mal, et, juste, le châtie.

Et, pour que Dieu pardonne à l'âme repentie,
Monique offre à ses coups un cœur reconnaissant,
Heureuse de souffrir encor pour son enfant;
Car le cœur de la mère est toujours une hostie.

Mais puisque sa prière est exaucée enfin !
La sainte s'abandonne au bon vouloir divin,
Et ne se souvient plus des récentes alarmes.

Son bonheur est si grand qu'il lui semble éternel.
Et de ses yeux remplis de l'infini du Ciel,
Elle admire parfois l'enfant de tant de larmes.

Blanche de Castille

« Mon fils, Dieu m'est témoin que vraiment je vous aime;
« Mais je préférerais vous voir mort à l'instant,
« Que de voir se flétrir l'âme de mon enfant.
« Sur un front corrompu tient mal le diadème.

« Sachez qu'un roi très bon vaut un roi triomphant.
« Aimez votre pays cent fois plus que vous-même,
« Et n'oubliez jamais qu'il est un Roi suprême
« Auquel nous devons tous obéir en tremblant. »

Et Louis écoutait parler la reine Blanche.
Les avis maternels, comme une eau qui s'épanche
Et féconde le sol, pénétraient dans son cœur.

S'il aima bien le peuple et voulut son bonheur,
S'il fut doux aux petits et pour les grands sévère,
C'est qu'il suivit toujours les conseils de sa mère.

La Femme du Peuple

Mère de l'ouvrier, devant toi je m'incline,
Car ton âme connaît l'infini de l'amour,
Et ton enfant te doit plus encor que le jour,
Plus que le pauvre lait de ta maigre poitrine.

Tu ne crains que pour lui les longs jours de famine,
Les labeurs épuisants, et l'incessant retour
De ces maux si nombreux qui rôdent alentour
De ton sombre logis que sa grâce illumine.

Pour toi le saint bonheur de la maternité,
L'orgueil d'avoir un fils de ta chair fut gâté
Par la peur de le voir souffrir comme toi-même.

Et pour que la gaieté rayonne à son front blême,
Afin qu'il soit solide et fort en grandissant,
Tu donnes chaque jour, martyre, de ton sang.

Mater Admirabilis

Vierge, pour célébrer votre maternité,
Mes vers sont impuissants, leurs mots trop éphémères ;
Auprès de vos grandeurs je sens mieux mes misères
Et demeure ébloui devant votre beauté.

A la crèche, où Jésus sourit d'être porté
Dans vos bras maternels aux caresses légères,
Ne peut monter vers vous que le bruit des prières
Qu'au seuil de tous les temps redit l'humanité.

Humblement, à mon tour, je contemple et je prie,
Et mon cœur se partage entre vous, ô Marie,
Et vos très humbles sœurs, nos mères d'ici-bas.

Et je songe que Dieu fit leur bonté profonde,
Parce qu'au jour marqué pour le salut du monde,
L'une d'elles devait le porter dans ses bras.

La Mère

La mère, c'est un peu de Ciel sur notre terre,
C'est l'ange dont les yeux, pleins du divin mystère,
Ne peuvent cacher rien d'obscur,
La sainte dont le front radieux s'auréole,
Dont le regard limpide et la tendre parole
Rendent le cœur humain plus pur.

C'est elle qui transforme en temple la demeure
Et s'incline avec Dieu vers toute âme qui pleure.
Et ses mots, plus purs que le miel,
Savent ouvrir les cœurs comme l'aube les roses,
Et sur les jeunes fronts, fermés à tant de choses,
Faire resplendir tout le ciel.

Elle fait du foyer un admirable asile,
Et c'est elle qui rit à l'aube si fragile
Des petits enfants des berceaux.
Elle est l'amour sacré dont tous les hommes rêvent,
Et dont les souvenirs au fond des cœurs s'élèvent,
Doux comme une chanson d'oiseaux.

C'est le sourire aimant de Dieu parmi les hommes
Et qui fait cette aumône aux pauvres que nous sommes :
Un reflet de l'éternité;
Qui met dans notre vie aux jours tristes et sombres,
Pour réchauffer nos cœurs et pour chasser nos ombres,
Tout le soleil de sa beauté.

C'est la bonté sereine, et sainte, et calme, et tendre,
Qui sait tout apaiser et qui sait tout comprendre,
Dictame de toute douleur,
Dont le plus grand bonheur est le bonheur des autres,
Dont les plus chers désirs se souviennent des nôtres,
Et qui donne à tous tout son cœur.

C'est la reine aux sujets empressés et fidèles.
Qui règne à son foyer avec des douceurs telles
Qu'on voudrait vivre à ses genoux.

Elle commande avec une voix qui caresse,
Et sa toute-puissance est faite de tendresse,
Et ne connaît pas le courroux.

C'est la fée au pouvoir bienfaisant et magique.
Qui change tout en joie, et, sans nulle logique,
Fait du bonheur de nos chagrins,
Veille sur les berceaux que la souffrance guette,
Et chasse tout ennui d'un coup de sa baguette
Et d'un seul geste de ses mains.

Belle de la beauté pieuse d'une église,
Douce de la douceur suave de la brise,
Fleur d'amour qu'on ne peut faner,
Elle est la force, elle est la joie, elle est la grâce,
Elle est le cœur vaillant qui jamais ne se lasse
De souffrir et de se donner.

Elle est celle qui fit si pure notre enfance,
Elle est le matin frais, la page d'innocence,
Le parfum de tout cœur humain;
Elle est le souvenir radieux qui persiste,
Comme un cher compagnon, jusqu'en notre soir triste,
Jusqu'au bout de notre chemin.

Tout homme, malgré tout, lui demeure fidèle,
Le cœur le plus flétri voit, lorsqu'il rêve d'elle,
S'effacer les remords troublants;
Et le vieux vagabond s'arrête sur la route,
Sentant qu'il a toujours un cœur, lorsqu'il écoute
La mère appeler ses enfants.

Nous n'oublions jamais cet amour de la mère;
Tout autre sentiment peut mourir, éphémère;
Celui-là ne meurt pas en nous.
Vieillis, nous revenons aux premiers mots du Livre,
Aux jours où nos mamans nous apprenaient à vivre
En nous berçant sur leurs genoux.

A mon Père

Sur le dernier degré de l'humble monument
Qu'éleva mon amour à l'amour de ma mère,
Avant de terminer, je veux graver, mon Père,
Ton nom, qui fut celui d'un père très aimant.

Tu nous donnas toujours l'exemple nécessaire
Des plus nobles vertus, du plus pur dévouement ;
Tu ne changeas jamais, gardant fidèlement
Mêmes convictions et même foi sincère.

Fièrement tu marchas sur ton âpre chemin,
Tu fus toujours plus grand que le malheur humain,
Tu ne courbas jamais aux vents ta tête altière.

Puisque la mort t'a pris, ô mon plus cher orgueil,
J'irai, pieusement auprès de ton cercueil,
Redire ce poème ainsi qu'une prière.

Table

Pages

ROUEN

Imprimerie de la Vicomté

Rue de la Vicomté, 75

—

1930

www.ingramcontent.com/pod-product-compliance
Ingram Content Group UK Ltd.
Pitfield, Milton Keynes, MK11 3LW, UK
UKHW021550260726
13993UKWH00002B/743

9 782329 197067